O Vampiro Sedutor

John Danen

Published by John Danen, 2023.

O VAMPIRO SEDUTOR

First edition. August 16, 2023.

Copyright © 2023 John Danen.

ISBN: 979-8224874774

Written by John Danen.

Sumário

Introdução.

Estou fazendo esse livro porque percebi que há enormes semelhanças entre o vampiro e o sedutor. O vampiro é dedicado ao mal, um ser das trevas corrompido pelo mal. É um ser noturno com grande capacidade de sedução, enorme poder e longa vida. É um ser noturno com grande capacidade de sedução, enorme poder e vida longa.

O sedutor também é outro ser das trevas, com grande capacidade de sedução, embora não inata, mas trabalhada de forma muito laboriosa. Ele também tem um poder enorme e uma vida longa na sedução e, se a faceta de sedução das trevas predominar, o sedutor será dedicado ao mal, portanto, eles são muito semelhantes em termos do que são.

O vampiro morde e dá vida eterna a quem morde, ou mata completamente. O sedutor conquista as moças, beija-as e isso é o equivalente à mordida do vampiro. Depois, lhes dá uma vida boa ou ruim de acordo com o que merecem, geralmente uma vida ruim, mas suportável. A única diferença importante é que o vampiro é um ser sobrenatural e o sedutor também tem habilidades quase sobrenaturais, mas não é. A essência é muito semelhante. A essência é muito semelhante.

Espero que você não entenda este livro como uma brincadeira, pois o que vou escrever é de grande importância e tenho certeza de que você não percebeu, e se existem vampiros de verdade, bem, é melhor que eles não venham me visitar e, se vierem, que ofereçam algo de qualidade, como vida eterna e coisas assim, caso contrário, ficarei muito feliz em ser um sedutor.

A roupa do vampiro.

O vampiro é, sem dúvida, muito mais elegante do que o sedutor. O vampiro clássico do século XIX usa capa, chapéu alto, terno elegante, gola alta, cores branca, vermelha e preta e tem um refinamento e um porte elegante, em grande parte devido às suas roupas. O vampiro romântico, ou seja, do século XIX, está muito bem vestido com roupas de alta qualidade e, muitas vezes, usa roupas que não estão mais na moda atualmente, como a capa ou a bengala.

O vampiro atrai a atenção por onde passa. Ele também usa óculos escuros, de preferência azuis, com os quais consegue sair à luz do dia. Nem todo mundo consegue, mas alguns conseguem.

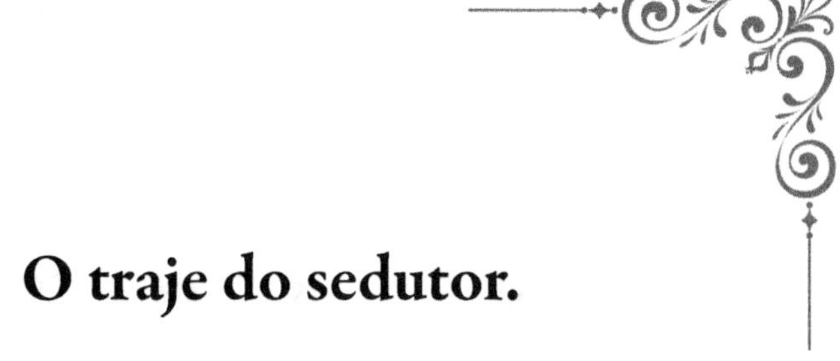

O traje do sedutor.

S e o sedutor não pertence à "escola do porte" que expliquei no livro Sedução 5.0, ele não se veste excessivamente bem, ele se veste casualmente, como quiser, pode ser elegante, pode ser esportivo, enfim, ele cria seu próprio estilo e se identifica com esse estilo. O sedutor nunca se veste tão bem e com tanta elegância quanto um vampiro, pois seu refinamento e requinte não são tanto quanto os de um vampiro. Somente alguns poucos sedutores muito, muito finos chegam perto da altíssima qualidade das roupas e da elegância do vampiro.

Bastão de comando.

Um acessório que os vampiros costumam carregar é seu cajado. Você provavelmente ainda não se deu conta do significado dessa bengala. Essa bengala é carregada pelo vampiro não porque ele seja velho ou porque seja difícil para ele andar. É o bastão de comando, que é carregado por reis, príncipes, pessoas de alta nobreza ou militares, chefes ou ditadores. Carregar o bastão significa que você tem autoridade. Significa que aquele que o carrega está no comando. O bastão de comando lhe dá um status acima de todos os outros, você será aquele que comanda e dirige tudo. Drácula e muitos vampiros o carregam. Esse é um bastão elegante, ricamente trabalhado e ornamentado, feito de metais e pedras preciosas, e dá ao vampiro um toque de riqueza e poder. Normalmente, o vampiro pertence à nobreza ou até mesmo à realeza e é por isso que ele o possui.

O bastão de comando é mantido por autoridades, prefeitos, marechais, imperadores, presidentes de países e, é claro... vampiros.

Você também pode se defender com ela, se necessário, desferindo golpes pesados nos inimigos.

O casaco ou capa longa.

Isso mesmo, todos os vampiros estão vestidos com capas ou casacos longos. Essas vestimentas dão um toque misterioso porque escondem quase completamente o corpo. A partir daí, eles podem sacar armas ou envolver suas vítimas. O vampiro pode mover sua capa e desaparecer dentro dela e se afastar dos inimigos. Um vampiro sem sua capa não é um vampiro completo. Esse manto lhe dá um toque elegante e distinto. Se for preto por fora e vermelho por dentro, com uma gola alta, melhor ainda. Atualmente, o vampiro pode usar um casaco longo com gola alta como capa. Sua função é a mesma e não parece fora de lugar nos dias de hoje. O casaco sempre será feito de seda fina por dentro. Com esse casaco ou capa, você envolve as garotas e as tem completamente sob seu poder.

Anéis.

O vampiro sempre usará uma quantidade exagerada de anéis com pedras gigantescas de todas as cores. Isso lhe dará um toque opulento, sofisticado e requintado. Um toque que o diferencia dos outros mortais, como nunca foi dito antes. O porta-joias do vampiro deve ser muito rico, pois realmente são pedras preciosas do mais alto valor e de tamanho enorme que devem custar muito dinheiro. O vampiro geralmente adquire seus anéis como parte da herança de sua família ancestral, e eles servem para fascinar as mulheres, pois ele é mais ornamentado do que elas, mas muito mais. O vampiro tem um alto conhecimento de ourivesaria e joalheria e valoriza muito esses anéis, caso contrário, é difícil explicar por que ele sempre usa esses anéis gigantescos.

Braceletes.

O vampiro também usará braceletes de ouro maciço, nunca de prata, pois eles são um incômodo para os olhos do vampiro. Como eu disse antes, a caixa de joias do vampiro estará cheia de dinheiro se ele não o tiver matado antes, pois tudo isso deve custar muito dinheiro, além de serem peças antigas que remontam a várias gerações e, muitas vezes, são herdadas. Se o vampiro tiver problemas financeiros, bastaria vender algumas dessas peças e ele poderia viver por um ano inteiro, mas ele nunca se desfará de nada porque elas têm um valor imenso para ele.

O bracelete provavelmente está gravado com as iniciais de um amor secular. Pois o vampiro é um romântico de coração e, nesse aspecto, ele difere bastante dos sedutores, que não são nada românticos.

Pingentes e broches.

O vampiro também costuma usar pingentes, embora nunca com uma cruz, mas pode usar a ordem do dragão, ou alguma insígnia, ou uma antiga distinção militar. Sempre será um broche gigantesco, que confere o status de general de exércitos ou comandante de grandes territórios.

O mortal que vê isso não tem consciência da enorme importância dessas joias e fica simplesmente maravilhado com o acabamento e a ornamentação desses broches e pingentes. Para o vampiro, são coisas preciosas e ele nunca se separará delas. A maioria deles tem centenas de anos.

Brincos.

O vampiro não costuma usar brincos, talvez um vampiro mais modernizado possa usá-los, mas em geral não. O sedutor pode usar brincos. Mas isso é mais uma ocorrência ocasional para ambos, a grande maioria dos vampiros e sedutores não usa brincos.

Chapéus.

O vampiro usa um chapéu longo, de preferência preto. O chapéu confere distinção e elegância e o distingue das pessoas comuns que não o usam. O chapéu será sempre uma cartola. Esse chapéu dá o toque de elegância e refinamento do século XIX e o status superior que se deve à linhagem, às posses ou aos títulos. Falarei mais tarde sobre como incorporar todas essas roupas e acessórios ao traje do sedutor.

Relógios.

O sedutor de vampiros é um grande fã de relógios e os terá em todas as cores, de preferência azul e preto, mas também vermelho. Um bom sedutor de vampiros tem, no mínimo, seis relógios. Ele também tem relógios de bolso que exibe à noite em bares quando está seduzindo uma mulher, o que lhe dá um toque de elegância que só o sedutor de vampiros tem. O vampiro sedutor faz dos acessórios uma parte de si mesmo e eles contribuem para sua elegância, glamour e sofisticação. É claro que ele nunca usará um relógio digital, tudo será sempre analógico e com números claros, algarismos arábicos bem grandes. Um relógio com fundo branco e algarismos arábicos pretos bem visíveis é especialmente apreciado.

Quando está no bar com a garota, ele olha para o relógio de bolso e a garota fica impressionada com tanta sofisticação e opulência.

Brasão de armas.

O vampiro sedutor que prosperou e se tornou um homem rico e opulento procurará comprar uma casa com um brasão de armas para dar a si mesmo um ar mais altivo e nobre. Essa casa antiga, grande e solene pode muito bem ser a moradia, pelo menos temporariamente, do sedutor. Se esse sedutor não for da nobreza, a ação que ele tomará será comprar ou construir uma casa com um brasão. Se a casa não tiver um, ele pode desenhar seu próprio brasão e mandá-lo esculpir na frente de sua nova mansão. Qualquer pedreiro pode facilmente fazer isso para você e você terá seu brasão.

Um vampiro sedutor deve se diferenciar de todas as outras pessoas da população com todas essas coisas pomposas e bombásticas.

As vampiras.

Assim como existem vampiros sedutores, também existem mulheres que são totalmente semelhantes a nós, os vampiros. A diferença entre o vampiro e as vampiras é que as vampiras têm uma vida totalmente fácil, até mesmo uma dádiva. Toda noite elas saem para caçar e caçam em abundância e isso é realmente muito satisfatório para elas, mas não tem mérito algum. Como o atacante que marca gols é melhor do que o goleiro que se deixa marcar, para elas a pressão é constante para deter os gols e elas têm que escolher. Somos nós que pressionamos para que isso aconteça, portanto, essas vampiras, embora algumas possam ser atraentes, são profundamente desprezadas e repudiadas pelo próprio vampiro. Não estimulamos mais o ego dessas egomaníacas.

Aparência geral do vampiro.

Em geral, o vampiro tem uma aparência magnífica, é jovem e atraente em muitos momentos, em outros é de meia-idade com um pouco de cabelo grisalho, o que o torna ainda mais atraente. Ele usa roupas elegantes, caras e sofisticadas, tem um jeito fino e elegante e conhece história. Outra característica do vampiro é que ele é um homem de profunda sensibilidade, um amante de todos os tipos de arte. Ele é um sibarita das roupas e também um sedutor requintado, que minará a resistência de suas vítimas com seu charme e sua linguagem com sotaque estrangeiro. O vampiro fala com elegância, conta histórias maravilhosas de mundos distantes que só ele conhece. O vampiro seduz as moças com seu refinamento e porte imperial. O vampiro conhece história, geografia, ciência, política e artes das trevas. Ele passou centenas de anos aprendendo e aperfeiçoando seus métodos. O vampiro é um poço de sabedoria e a personificação da elegância suprema.

Aspecto do sedutor.

O sedutor será um pouco menos elegante que o vampiro, mas geralmente usa muitos acessórios como o vampiro, como anéis, brincos, pulseiras, pingentes. Ele usa roupas elegantes se tiver vontade. O sedutor também pode ter bons trejeitos, mas não chegará ao extremo de sofisticação, elegância e refinamento que um vampiro verdadeiro tem. O sedutor envelhecerá muito mais do que o vampiro porque não é imortal, portanto, tentará compensar essa perda de beleza com mais acessórios e roupas melhores. De qualquer forma, o sedutor quase sempre terá uma aparência excelente, não magnífica como a do vampiro, mas muito atraente.

Se o sedutor quiser parecer tão elegante quanto ele, o que ele deve fazer é copiar suas roupas de forma disfarçada. Em vez de uma capa, ele usará um casaco longo, em vez de um broche, um broche ou um distintivo, ele também pode levantar a gola da camisa como um vampiro. Imite as cores e ande com um ar distinto. Fale devagar e faça pausas, olhe para as pessoas e transmita a essência de suas histórias com seu olhar. O olhar é a arma mais importante de ambos.

O sedutor pode e deve incorporar a essência do vampiro em suas roupas e em seu comportamento. Ambos parecem belos por fora, mas são monstros por dentro. Os sedutores nada mais são do que vampiros que não se deram conta de que são vampiros.

História de terror.

Em uma floresta exuberante além das montanhas dos Cárpatos, existia um castelo onde vivia um homem chamado Vlad Tepes, conhecido como "o Empalador". Diz-se que esse homem empalava suas vítimas, que geralmente eram prisioneiros de guerra muçulmanos, e depois comia enquanto as via se contorcer e agonizar nas estacas. Ele também empalou uma quantia bastante respeitável, cerca de 10.000. Dizem também que a Transilvânia foi o local de nascimento do próprio Conde St. Germain, o imortal que surpreendeu muitas das cortes do século XVIII, especialmente a francesa.

Dizia-se que esse homem nunca comia, que podia transmutar chumbo em ouro, que falava oito idiomas, que havia vivido na época de Jesus Cristo e que tocava muitos instrumentos. Ele conhecia todas as ciências e era encantador. Ele era um homem imortal que reapareceu nos séculos XIX e XX e ainda é visto hoje em dia, talvez seja verdade que os vampiros existam, eu realmente acredito que sim.

Por algum mecanismo misterioso, pode acontecer que um homem descubra algo por meio da alquimia, ou pode simplesmente acontecer que apareça uma esquisitice biológica que se perpetue e se reproduza. Com o sangue, com algum elixir da juventude eterna, com a pedra filosofal, ou como quer que seja, o vampiro se tornou imortal.

E aqui na Galícia também havia um homem, ele não vivia em um castelo, não se chamava Vlad, mas seu apelido também poderia ser "o empalador", porque ele as empalava com seu membro grosso. Outra semelhança entre sedutores e vampiros: ambos somos empaladores.

Os vampiros fazem os homens e as mulheres sofrerem, os sedutores fazem as mulheres se divertirem, especialmente quando são empaladas.

Música e Rocanrol.

Ambos gostam de rock and roll, o vampiro deve ouvir metal, música pesada e industrial, além de música de órgão de igreja e música clássica; ele é uma pessoa de boas maneiras e gostos muito sofisticados. O vampiro com tendência ao romantismo pode ouvir música clássica mais suave, nesse caso, música para violino. As orquestras sinfônicas serão bem conhecidas e apreciadas pelo vampiro e eu apostaria que ele gosta de Vivaldi. O que eu tenho certeza é que o vampiro adora Bach. O lugar onde o vampiro se sente mais à vontade é ouvindo música de órgão de igreja, portanto, Bach é certamente seu compositor favorito. Sobre a música que existe atualmente, poderíamos dizer que o vampiro gosta de bandas malignas, por assim dizer, bandas de metal sombrias, góticas ou tecnológicas com sons pesados, rock and roll e industriais.

Os músicos e as bandas de que o vampiro certamente gostará são os seguintes:

- Marilyn Manson.
- Rammstein.
- Einsbrecher.
- Blutengel, que é um grupo muito vampírico.
- Sopor Aeternus. Vampírico ao máximo.

O sedutor, se o lado sombrio predominar nele, ou seja, se ele for um "sedutor sombrio", terá exatamente os mesmos gostos, gostando de música de órgão e desses grupos mencionados acima, mas se ele dominar seu lado luminoso, terá outros gostos diferentes e outros grupos, por exemplo:

- Moby.
- Mike Oldfield.
- Balanço arrasador.
- Ilegais.
- Roxy Music.
- Omd.

Os primeiros são grupos de escuridão e os últimos de luz.

Como a música mais vampírica do mundo, considero "Death soulds", do Sopor Aeternus. Excelente música que fala exatamente sobre vampiros.

Absinto.

Como o vampiro disse no filme para sua bela dama.
"O absinto é o afrodisíaco do eu,
a fada verde quer sua alma
Mas não se preocupe, você está seguro comigo.
E assim é, os vampiros bebem absinto e os sedutores meio loucos como eu também.

Com essa bebida, você fica fora de si, tem uma criatividade enorme e visualiza tudo muito melhor, você realmente fica fora de si com a fada verde. Mais uma semelhança entre vampiros e sedutores. O próprio Drácula bebeu essa bebida no século XIX.

Mantra.

R epita comigo.

-Eu quero

Desejo

Eu decreto

Eu exijo

Que todos os meus desejos se realizem, pois o poder está comigo.

E isso eu grito alto e forte, sem medo de ser ouvido, sem me importar com o que os outros pensam, eu sou um com o maldito poder e nada de ruim pode acontecer comigo.

Graças ao maldito poder, materializo tudo o que desejo e essa é a fonte do meu poder. Minha capacidade de visualizar e a crença absoluta de que o poder do caralho me proporciona tudo o que quero, realmente me fortalece.

Além do tempo e do espaço, atravessando oceanos e cadeias de montanhas, o maldito poder me traz o que eu peço. Uma revelação mística, um rio caudaloso, o mar batendo contra as rochas, a nuvem que cobre o sol, tudo isso faz parte do maldito Poder, eu o absorvo, imbuo-o com meu pensamento e o emito, e ele me retorna com o que desejo.

Deus não joga dados.

O que quer que aconteça com você, mesmo que pareça ser muito ruim, você deve aceitar, pois não sabe realmente quais serão as consequências do que deseja. Mas Deus, que está nas alturas e vê todas as coisas e sabe tudo, sabe o que é bom para você e, portanto, não lhe concede isso. Ele tira o que você quer porque tem um plano melhor para você, portanto, não se arrependa de nada, Deus não joga dados, não fique desanimado se as coisas não derem certo, tudo faz parte do plano e é assim que deve ser e é perfeito.

No universo, descobriu-se que há uma super simetria que não tem lógica e é a prova de que se trata de algo muito grande, seja uma simulação infinitamente poderosa ou o trabalho de alguém ou algo com suas leis imutáveis. Entre essas leis está a de que você pode atrair o que deseja ao visualizá-lo, e Deus deseja isso e fica satisfeito.

Einstein, um dos homens mais inteligentes do mundo, disse: "Deus não joga dados", aceite e seja grato pelo que Deus lhe dá.

Noturnidade.

O sedutor e o vampiro são criaturas da noite, o verdadeiro sedutor rejeita o sol e só sai para cumprir sua função ao anoitecer, exatamente como faz o vampiro. Essa é outra grande semelhança que me levou a estabelecer vínculos entre os dois. O sedutor desenvolve sua predação quase sempre no escuro, ainda mais se for um sedutor das trevas, então ele evitará a luz como um vampiro e durante o dia só dormirá, se puder se dar a esse luxo. Só sairá para fazer o mínimo de compras, sempre vestido com muita proteção solar, usando óculos escuros que tiram a luz do sol que tanto o incomoda e prejudica. Não o prejudica tanto quanto ao vampiro, mas o suficiente. O sedutor jamais praticará o "jogo do dia", que ele chama de "diegame", porque é algo que quase o mata e que ele não gosta muito.

A noite é nossa amiga, ela camufla os defeitos que você tem com a idade, você não percebe a falta de cabelo ou as rugas, nem mesmo se estiver um pouco acima do peso, você percebe isso tão claramente quanto à luz do dia. A noite é favorável, porque a escuridão embeleza nosso corpo, camufla nossos defeitos. Além disso, o álcool que elas mesmas bebem as enfraquece e as torna mais receptivas aos nossos encantos.

Os verdadeiros caçadores são sempre noturnos, ficam à espreita no escuro. O vampiro é pleno à noite, o sedutor também. A noite é mágica, a noite é nossa vida. O sedutor e o vampiro partem ao amanhecer com a satisfação de terem cumprido seu dever. Às vezes, eles retornam sozinhos ao seu covil, às vezes acompanhados de novas e estupendas garotas que passam a desfrutar dos prazeres do lado escuro naquela mesma noite.

Algumas delas se tornarão vampiras, nesse caso, boas, e outras, seguidoras ferrenhas do sedutor. Do bem vem o mal e do mal vem o bem.

Gosto pelo risco.

O sedutor e o vampiro adoram o risco, eles podcriam ficar à vontade em casa, um em seu castelo e o outro em seu apartamento com uma mulher bonita e gostosa. O vampiro teria sua vampira e seria feliz, e o sedutor teria sua amiga e não procuraria mais nada, mas o que ambos mais gostam é de caçar. Às vezes, a presa dura uma noite ou alguns dias e, assim que é adquirida, é eliminada de suas vidas. Às vezes não, às vezes, devido à qualidade e ao excelente comportamento da mulher, eles se transformam em vampiros ou em nossos mais fervorosos acólitos, nossos amigos íntimos que nos perdoam tudo, nos adoram e nos valorizam muito. Nossa tríade, as três mulheres que todo bom sedutor acumula para seu prazer. Essa tríade também aparece no filme "Drácula", de Francis Ford Coppola. Drácula tinha sua tríade, três mulheres maravilhosas que estavam em seu castelo, e assim ele passou séculos se consolando por não ter sua verdadeira amada Elizabetha. Com essa tríade, Drácula era muito mais feliz do que na solidão, e a imortalidade era mais suportável para ele.

Nós, como o vampiro, também formamos nossas tríades ou quartetos e nos consolamos com essas mulheres quando a caçada não é satisfatória.

E o que eu acho sobre flertar, flertar é uma coisa muito arriscada, ainda mais do que escalar, mas o risco é onde você realmente se sente vivo.

Criação do grupo de acólitos.

Drácula tem servos, ou melhor, escravos, a quem ele dá parte de seus poderes, que o protegem durante o dia e o servem fielmente. Esses acólitos, esses servos, como Renfield, são valorizados e apreciados pelo vampiro, embora ele os trate muito mal.

Nós, sedutores, não temos acólitos tão claramente úteis, mas temos nossos seguidores, nossos seguidores nas redes sociais que nos consideram alguém muito grande e que nos defendem e nos valorizam muito. Nós nos dedicamos a mostrar a eles o lado negro, a ensinar a eles as técnicas tanto da luz quanto da escuridão, nos dedicamos a treiná-los, a passar nosso conhecimento, e eles são muito gratos por isso. Também temos uma semelhança nisso, além de darmos aos nossos seguidores um tratamento muito melhor do que o que o vampiro dá a eles. Não confunda seguidores com garotas, acólitos são homens durões e sem vergonha.

A morada do vampiro.

O vampiro gosta de viver em um castelo decrépito nas montanhas, um castelo com mobília super antiquada, fria, úmida e sombria. Um castelo que ele não pode pagar adequadamente e que tem muita sujeira, teias de aranha e lixo estranho de séculos passados acumulando poeira. Esse castelo mostra a grandeza e a opulência do Conde Vapiric séculos atrás, mas hoje está decrépito e coberto de vegetação. Drácula não está muito atualizado com os pagamentos e se ilumina com velas antigas, o que dá ao castelo uma sensação sombria e assustadora. Ele também tem seus servos para servi-lo, seus acólitos para protegê-lo da luz. Em sua cripta, Drácula está à vontade, descansando sem nenhuma luz perturbadora.

Esse castelo é usado para dar as boas-vindas aos visitantes e impressioná-los com a opulência e o antigo esplendor de seus cômodos, embora, na realidade, transmita uma sensação de abandono e decadência, mas é assim que seu proprietário gosta mais dele, dilapidado e em franca decadência, dando ao castelo uma excelente aura romântica e triste.

A morada do sedutor.

A residência do sedutor é uma casa muito mais modesta do que a do vampiro. O sedutor gosta de morar no alto, por isso prefere coberturas e andares superiores onde possa apreciar a vista. O sedutor gosta de morar no alto, por isso prefere coberturas e andares superiores onde possa apreciar a vista. Ele leva suas vítimas até lá para aproveitar o terraço, se tiver um, ou pelo menos para ficar no alto e poder ver muito território. Se a casa estiver em frente a uma floresta, melhor ainda.

O sedutor é um entusiasta da música, e em sua casa ele sempre terá um sistema de som de alta potência, com o qual ele e suas garotas ouvirão as ótimas músicas que ele sempre tem em alto volume, e as garotas as apreciarão enormemente.

O sedutor, assim como o vampiro, também toca um instrumento, um baixo, uma guitarra, muitas vezes um órgão musical, com um alto nível de domínio.

Alfândega.

O vampiro se levanta ao anoitecer e sai a noite toda em busca de novas vítimas. A noite é toda mágica e lá na escuridão, sempre à espreita, esconde-se o vampiro pronto para morder. Nós, sedutores, somos como vampiros e também saímos à noite; durante o dia, estamos descansando, cochilando e repousando, para estarmos totalmente operacionais ao pôr do sol.

Outro hábito é não se preocupar com nada e ser sempre amigável e alegre. O que há para se preocupar quando você sabe que é um vampiro sedutor? Nada, você simplesmente se diverte.

Sadomaso.

Tanto o sedutor quanto o vampiro têm sua tríade. Essas mulheres são dependentes de seu enorme poder, vivem para servi-lo e lhe dar prazer. Elas estão sob seu comando, sob seu comando, porque apreciam tanto suas qualidades que se permitem fazer no campo sexual o que você quiser, por isso tanto o sedutor quanto o vampiro têm pelo menos uma tríade reunida.

Essas acólitas gostam de agradar o mestre e fazem tudo o que você pede.

E como há diferenças entre o mestre e as escravas, elas obviamente têm de satisfazê-lo e realizar todas as suas perversões, pois têm muita sorte de estar com você e devem ser gratas por isso. Portanto, tanto o sedutor do mais alto nível que se tornou um mestre de escravas quanto o vampiro praticam sadomasoquismo com suas garotas encharcadas.

Sadomaso Sim!

Sexo oral.

O vampiro é um sibarita sexual que gosta muito de sexo oral, especialmente aquele que elas lhe dão.

Uma mulher com os lábios pintados em vermelho intenso enfatiza mais essa parte do corpo tão carnuda. Se colocarmos uma máscara que cubra quase todo o rosto, exceto os olhos e a boca, isso afetará a morbidez que dá a essa boca, que será outro órgão sexual e o vampiro gostará de ver como sua escrava face sexo oral.

Essa máscara pode ser colocada com essa finalidade, para enfatizar a função sexual da boca e dominá-la. Qualquer felação bem feita deve ser perfeitamente vista pelo vampiro para ser totalmente satisfatória. O vampiro se tornará muito exigente nessa área e não se comprometerá com o menor erro.

Cidades e lugares
favoritos.

O vampiro e o sedutor gostam das mesmas coisas. Deixando de lado o momento da sedução, quando você tem de ir ao bar e não há outra opção, iremos quase aos mesmos lugares. O pub é, por assim dizer, nosso ambiente natural, a escuridão, estar camuflado na multidão é uma alegria. Mas, na verdade, o lugar onde tanto o sedutor quanto o vampiro se sentem confortáveis em seu tempo de descanso da predação é a floresta, as montanhas e os rios.

Todo mundo gosta de ir à praia e isso também é bom, não estou dizendo que não seja bom, mas, para o meu gosto, é preferível ir às montanhas altas com grandes florestas e rios de fluxo rápido, onde você pode pular das árvores para o rio e aproveitar a correnteza. Além disso, esses lugares são muito menos visitados do que as praias, que estão totalmente saturadas. Aqui você encontra o relaxamento e a paz que a natureza lhe proporciona e se sente muito bem.

Pense um pouco, a morada de Drácula não era em uma cidade, era perdida nas montanhas da Transilvânia, assim como o sedutor é o mesmo, ele costuma ter uma casa nos arredores da cidade, no meio da natureza, então ele sempre sai à noite para caçar, e ao amanhecer se esconde novamente em sua morada sombria. Minha casa é assim, fica na periferia da cidade e tem vista para uma floresta, além de ser sombreada porque está voltada para o norte e nunca pego sol, portanto, mais pontos para minha crença de que, se não sou um vampiro, pelo menos tenho o suficiente para lidar com eles.

À noite, deixo a janela aberta e ouço as corujas da floresta piarem. A floresta está bem na minha frente e ocupa toda a extensão da vista. As corujas piam e piam à noite, e eu posso ouvi-las da minha cama. Muitas vezes, eu me inclino para fora da janela e as ouço atentamente. Às vezes, fico tentado a ir até a floresta à noite e ficar lá ouvindo as criaturas. Acho que farei isso muito em breve.

Também perto de mim há outra floresta, ainda mais profunda, que chamei de "a floresta perfumada e sombria", como a canção dos ilegais. Vou até lá para meditar e já vi águias enormes. As águias voam assim que me veem, pois até o maior predador, quando vê o vampiro, foge. Naquela floresta perfumada e sombreada é muito bom, você se sente em comunhão com a natureza e usa essas energias para visualizar melhor e relaxar, e assim você usa o poder com mais facilidade.

As cidades medievais que possuem áreas classificadas como históricas, as chamadas "cidades antigas", são muito mais charmosas. Essas cidades antigas são o lugar onde o vampiro gosta de viver, assim como o sedutor. Nessas "áreas antigas" estão localizados antigos pubs de pedra e madeira, que eram estábulos há cem anos, e é onde o sedutor se sente à vontade, pois eles o lembram do castelo do vampiro.

Não gostamos muito de pubs modernos, pois eles não são sofisticados em seus móveis, são bastante minimalistas. São os pubs arcaicos, cheios de madeira, pedra e rock ou até mesmo música celta, que nos entusiasmam.

Aqui em minha Santiago de Compostela, desfruto de inúmeros pubs sombrios e lúgubres onde, como um vampiro, me refugio. Quanto mais chuvosa e menos ensolarada a cidade, melhor, porque isso prejudica o vampiro e também o sedutor noturno que tem pouca tolerância ao sol e sempre quer estar na sombra. Portanto, Santiago de Compostela é uma boa cidade, tanto para um vampiro quanto para um sedutor, porque está sempre nublada e chovendo e o sol não nos prejudica. Aqueles de nós que estão acostumados a sair à noite ficam deslumbrados com tanta luz.

Outras cidades recomendadas são Segóvia, Oviedo, Santander e Castro Urdiales, na Cantábria.

Sempre vou a rios porque lá você fica na sombra das árvores e o sol não o incomoda. Tantas semelhanças entre sedutores e vampiros! As cidades antigas, o clima chuvoso e os pubs de pedra escura.

Bach, Vivaldi, peças e instrumentos recomendados.

O vampiro sedutor ouvirá música clássica, especialmente música barroca. Os maiores expoentes são Vivaldi e Bach. Vivaldi tem uma variedade muito grande de música de qualidade, muitas peças que são maravilhosas e onde violinos e bandolins são predominantes. Bach se concentra mais no órgão, nas cantatas e nos oboés. Especialmente interessante é a música para órgão de igreja. Essa música é mecânica, fria, artificial e cria uma atmosfera mágica. Se você ouvir o órgão da catedral, ficará com a pele arrepiada, pois realmente é algo sublime e grandioso. A música de órgão de catedral é a melhor música que existe, acima da música clássica de violino, porque ela tende a ser um pouco pomposa.

Outro instrumento mágico é o cravo, que é um piano antigo, solene e mecânico que dá um toque requintado e elegante à música. Aqui também incluo Handel, que é um exímio cravista que enfrentou o mestre Scarlatti, o outro mestre desse instrumento, em um duelo épico.

Vou publicar uma seleção das melhores peças musicais que todo vampiro sedutor deve ouvir enquanto está em casa fazendo vigília, pronto para sair e atacar. Buxtehude é outro compositor que também merece ser ouvido.

Eu gosto de rock e acho que você também gosta, mas siga meu conselho e ouça essas peças em volume alto, pois elas são incríveis.

Bach:

Bwv 593 Concerto para órgão em Lá menor de Bach. Recomendo muito esse concerto.

Fuga em sol menor BWV 578 - J S Bach

Bach - Fantasia e fuga em sol menor BWV 542

Bach Prelúdio e fuga em Si menor BWV 544

Concerto para cravo nº 1 in_D_Min de Bach

BWV 593 Concerto para órgão em Lá menor. Altamente recomendado.

J S Bach Cantata BWV 29

Johann Sebastian Bach - Toccata e fuga em Ré menor BWV 565. As mais conhecidas.

Vivaldi:

Concerto de Vivaldi para violino e órgão

Antonio Vivaldi La tempesta di mare.

Gloria in excelsis deo. Antonio Vivaldi

Vivaldi,_Concerto_for_2_mandolins

Vivaldi RV 230 C para órgão - como o maldito Vivaldi fez isso bem! no mesmo nível do mestre Bach

Sinfonia de Vivaldi em C Maior Allegro. De violinos, excelente

Antonio Vivaldi La tempesta di mare. Outra para violinos

Buxtehude:

Dietrich_Buxtehude,_Toccata_en_Fa_majeur.

Aleluia Buxtehude

Handel:

Suíte para cravo nº 7 em sol menor de Handel

A noite.

A noite é mágica, à noite tudo assume um aspecto mais sombrio, as pessoas têm medo porque não têm boa aparência, é mais fácil se esconder, a noite camufla seus defeitos, suas rugas centenárias de vampiro, à noite tudo é maquiado. Além disso, na festa noturna as pessoas são alegres, bebem, riem e dançam, o clima festivo predispõe ao amor e à paixão. É um mercado aberto com muitas interações. Se você estiver realmente comprometido com sua missão sedutora, há muitas, muitas possibilidades, é um verdadeiro banquete. É realmente nesse mercado noturno que ocorrem as trocas mais fluidas e acaloradas. Muitas vezes as garotas fazem coisas à noite que se surpreendem no dia seguinte e nem se atrevem a lembrar.

Nós aproveitamos ao máximo, a noite não é nossa missão, ela faz parte de nós. Saímos quando escurece e voltamos quando amanhece. Somos realmente vampiros noturnos.

À noite

Sob a lua cheia

Por volta das 12 horas

O vampiro sai

Para obter outros benefícios

O pub escuro

O lugar certo

Para implementar o hard

O poder acumulado

E, como consequência

De seu excelente trabalho
Consiga uma garota bonita
E o prazer continua
Durante toda a noite.

Solidão.

O vampiro é um ser solitário e não gosta muito da companhia de outras pessoas. Ele vai para a praia solitária, para o rio solitário, para as montanhas solitárias, sozinho. Somente quando quer interagir com mulheres é que ele é visto em lugares lotados. Lugares dos quais ele não gosta muito, mas que são necessários. Festas ou terraços ensolarados. Onde ele se sente confortável é na escuridão do pub.

O lago de iniciação do vampiro.

Na escuridão de sua morada, o vampiro planeja suas jornadas por terras desconhecidas e selvagens. Ele sempre viaja sozinho nessas jornadas de exploração e iniciação. Então, depois de ter investigado o terreno, ele pode levar consigo suas muitas mulheres valiosas, que se divertirão duas vezes mais. Elas aproveitarão o lugar sem precisar fazer nenhuma pesquisa, pois você lhes dará tudo já pronto e, é claro, elas também aproveitarão o próprio vampiro fodedor.

O vampiro geralmente não viaja para cidades, mas para lugares inóspitos em meio à natureza, onde recarrega suas energias à noite, absorvendo o poder daquele lugar.

Rios, lagos, reservatórios ou qualquer riacho de água doce são os locais preferidos dos vampiros.

Ele viajará centenas de quilômetros para encontrar o lugar certo. Seu novo local de poder.

Uma vez no lugar de poder, o vampiro percorrerá todos os caminhos, se banhará em todos os rios, explorará todas as florestas. O vampiro se banhará nu ao pôr do sol no lago e sua cabeça explodirá de tanto prazer e satisfação.

Lá, na solidão, perdido na floresta, seminu e longe da civilização, ele terá as revelações que lhe darão o poder e, mais tarde, seduzirá magnificamente quase todas as garotas que o vampiro deseja seduzir.

Na noite escura, enquanto chove levemente, o vampiro mergulha profundamente no lago além das montanhas. A lua cheia está brilhando no céu e as estrelas estão cintilando na superfície do lago.

Nas profundezas do lago, sem nenhuma luz, na escuridão total, completamente afundado, o vampiro permanece lá prendendo a respiração o máximo possível, até que não consiga mais segurá-la e, simbolicamente, morre.

Depois vem a revolta.

O vampiro emerge das profundezas do lago, nu, sem nada, totalmente despojado de seus pertences, mas, a partir desse momento de morte e ressurreição, a única coisa que ele fará será adquirir mais e mais poder. Das profundezas do lago, na noite estrelada, o vampiro emerge transformado em um novo eu, ainda mais poderoso do que o anterior.

O lago do vampiro é vasto e cercado por grandes florestas, onde ele vai para sua metamorfose, sua morte e ressurreição. Quando ele emerge, todos os medos e inseguranças do vampiro permanecem no lago e ele sai limpo, puro e poderoso.

Da escuridão de um lago perdido nas montanhas, surgirá uma luz que prenderá irremediavelmente as mulheres que interagirem com o vampiro.

Esse é um ritual, um ato de fortalecimento.

Da escuridão surge a luz.

A lua.

O vampiro sobe na montanha mais alta que encontrar e olha para a lua. Ele sempre carrega seus itens mágicos, que são carregados lá.

Esse é outro bom lugar para ganhar energia. O mirante da montanha. Lá, sozinho, à noite, você absorve cada vez mais poder celestial e telúrico, que é então transformado em puro poder, o que lhe permite obter tudo o que deseja. Uma visualização bem executada nesse lugar é muito mais facilmente transformada em pura realidade. Às vezes, exatamente como foi imaginada.

Esse poder absorvido da natureza, do céu e da terra é então armazenado e usado à vontade pelo vampiro no pub. Seu campo de caça.

Do medo e da morte vem a confiança e a vida.

Onde não havia nada, aparece uma multidão.

A partir da escassez, cria-se a abundância.

Da solidão surge o companheirismo.

O renascido está aqui para reivindicar mais um massacre.

Banhos termais.

O vampiro também se banha em fontes termais que nascem nas margens dos rios. Lá, nessas pequenas piscinas, ele não apenas se diverte e relaxa, mas, como são lugares bastante movimentados, ele se socializa e, muitas vezes, exibindo seu poderoso carisma, flerta ali mesmo com garotas de bunda grande que foram selecionadas pelo vampiro sedutor ou que foram atraídas por sua figura imponente. No entanto, ele deve evitar dias muito ensolarados, pois o sol incomoda muito o vampiro, que prefere dias nublados, pores-do-sol ou até mesmo noites.

O vampiro vai para a banheira de hidromassagem com sua garrafa de champanhe e sua bela namorada para ter uma grande transa que terminará de uma única maneira possível. O vampiro certamente acabará transando com a mulher que está com ele na banheira. Uma mulher que ficou mais quente do que a própria banheira enquanto fazia sexo com o vampiro e que precisa ser saciada com um excelente sexo vampírico e luxurioso.

Cultura dos vampiros.

O vampiro é um poço de sabedoria. Ele absorve tudo, investiga e se aprofunda. O vampiro é extremamente interessado em todos os tipos de assuntos, especialmente aqueles que têm a ver com a antiguidade e as luxuosas mansões que já existiram. Os romanos, sua arquitetura e engenharia entusiasmam o vampiro.

O vampiro conhece os impérios, conhece perfeitamente a queda de Roma, o Sacro Império Romano-Germânico, as conquistas de Napoleão, os feitos do Império Espanhol, as grandes batalhas, os grandes descobridores, os aventureiros e os místicos.

Ele estuda a fundo personagens lendários como Casanova ou o Conde Sant Germain. O vampiro sabe praticamente tudo, além de ser bem versado em ciências ocultas, magia, poder mental e física quântica. O vampiro acredita em reencarnação, conhece música, toca órgão, aprende com os grandes generais e arquitetos, investiga eventos misteriosos, energias ocultas. O vampiro é um iniciado, um professor e um místico, além de um grande sedutor.

O mágico.

O vampiro sedutor tem conhecimento de magia, é fascinado por ciências ocultas e investiga personagens históricos míticos, como o mago Merlin ou o Conde Sant Germain. Vou falar um pouco sobre esse conde, que é uma pessoa que provavelmente foi um vampiro de verdade, pois viveu por centenas de anos aparecendo aqui e ali nas cortes, surpreendendo a todos com sua sabedoria, sua habilidade com idiomas, ciências e música. Ele foi descrito como um homem onisciente que nunca morria. Ele atribuía sua longevidade e boa aparência física à própria pedra filosofal que o mantinha jovem. Essa pedra transformava metais em ouro e também era usada para fazer o elixir da eterna juventude.

O vampiro é um mágico, um pequeno iniciado que conhece alguns conceitos elementares de magia e a utiliza também para sedução, sim, o método JD funciona, e tudo funciona, porque não estamos realmente seduzindo, estamos criando, estamos fazendo magia. Magia natural.

As bruxas.

Acredite ou não, as bruxas existem e você pode vê-las nas ruas em grande quantidade, e eu diria até que já transei com uma delas. Essas mulheres aqui na Galícia são mulheres que praticam magia natural, são curandeiras, conhecem as plantas e suas habilidades de cura, têm noções de magia e também uma capacidade inata de se conectar com o outro lado. São mulheres que, embora o nome seja um pouco assustador, na verdade são muito boas e amorosas. Outra coisa são as bruxas más, que lançam feitiços malignos para dobrar vontades, isso seria magia ruim e não é isso que as bruxas boas fazem. Nos tempos antigos, todos esses conceitos de magia eram conhecidos pelos druidas celtas, que eram curandeiros, juízes e pessoas da mais alta autoridade.

Todo esse conhecimento foi parcialmente perdido com a romanização e foi espalhado em vilarejos remotos e acumulado pelas mal chamadas bruxas. Essas bruxas eram frequentemente queimadas injustamente porque tudo o que não era catolicismo era considerado paganismo e heresia. Portanto, todo esse conhecimento arcano e distante dos celtas foi transmitido a nós por meio dessas bruxas medievais até os dias de hoje. Hoje em dia, praticamente toda a sabedoria ancestral que existia foi compilada, e a magia, os feitiços e a bruxaria boa das bruxas e meigas, como as bruxas galegas, ainda estão em vigor.

Outra coisa são as bruxas da América Espanhola, que têm uma origem muito diferente, proveniente do xamanismo e dos nahuales e tudo o mais, e têm pouco a ver com as bruxas europeias. Esse é um assunto muito mais obscuro e não é disso que estou falando.

Em geral, a boa bruxaria natural está bastante concentrada na wicca, mas às vezes ela tem contaminações satânicas que não têm nada a ver com a bruxaria natural e, às vezes, com o xamanismo em sua variante mais maligna. É preciso fazer uma enorme pesquisa para encontrar os livros certos que falam sobre magia pura, como os que ele mencionou aqui.

Quando você é um vampiro, não tem medo de bruxas, você as fode!

Como é um verdadeiro sedutor vampiro hoje em dia?

Hoje em dia, um vampiro sedutor tem uma aparência muito boa, geralmente vestido de forma bastante elegante com um paletó ou, às vezes, com um terno, dando preferência às cores vermelha e preta, é claro.

O vampiro sedutor gosta de acessórios, portanto, ele usará óculos escuros para se proteger do odiado sol, e esse talvez seja o acessório essencial para sair durante o dia e um dos mais importantes, juntamente com anéis esculpidos, colares pomposos, pingentes e alguns brincos que também podem ser usados. Tudo deve ser de boa qualidade, as roupas devem ser confortáveis e elegantes, bem como de alta qualidade, mas não de marca. A aparência que o vampiro transmite é a de um cara durão, bonito e que gosta de si mesmo.

Opulência.

O sedutor de vampiros é um empreendedor, ele conseguiu ganhar a vida muito bem e sair do sistema convencional de trabalhar para os outros, de modo que terá tempo livre e dinheiro para desfrutar de suas maldades de vampiro sedutor.

Você terá um bom carro, uma boa casa, dinheiro no banco, liberdade para fazer o que quiser, ideias criativas para colocar em prática e projetos interessantes para realizar. Você comerá pouco, mas comida saborosa em bons restaurantes, e viajará por todo o mundo pelo tempo que tiver vontade, até mesmo indefinidamente. Você pode se dar ao luxo de viajar o ano todo e ainda ganhar dinheiro.

Chega de ser pobre e viver miseravelmente! O vampiro está vivendo uma vida excelente e desfrutando das enormes quantias de dinheiro que ganha. Tudo isso foi planejado e materializado, depois de muito trabalho inteligente e árduo para alcançá-lo.

Liberdade.

O vampiro sedutor se libertou da coisa mais constrangedora e escravizante, que é ter uma namorada. Se ele sair com uma garota, será por um período bastante curto, com pouco envolvimento. O que o vampiro sedutor mais valoriza é a liberdade, poder viajar para onde quiser, poder sair sem dar explicações, fazer o que quiser. Isso é melhor do que dinheiro ou qualquer outra coisa, pois permite que você seja você mesmo e faça o que quiser de uma vez por todas em sua vida. Já era hora!

A maior escravidão que você terá em sua vida será a de ter um relacionamento sério com uma mulher. Evite isso a todo custo!

Magia.

Sim, o vampiro sedutor é realmente um mágico que cria sua realidade com seus pensamentos. Para materializar o que deseja, você precisa imaginar com muita clareza e depois agir como se já tivesse conseguido. Peça e lhe será dado, você pode ler Paracelso, fortalecer seus poderes com a bola de cristal. Pratique a arte da visualização. Seja um maldito mágico que cria sua vida ideal.

As formas-pensamento ganham vida no éter, uma egrégora é criada e ela lhe traz o que você pede.

Acredite em mim, o poder é real.

Mandamme Blatasky estava certa.

Ruivas, as garotas favoritas dos vampiros.

É preciso prestar atenção porque a aparência externa de uma mulher denota como ela é por dentro. Portanto, uma garota de cabelos ruivos, uma garota de cabelos cor de fogo, é exatamente isso, fogo, uma garota muito gostosa. Normalmente, são garotas de pele muito branca, super bem feitas, que têm um rosto perfeito, um corpo perfeito, peitos muito grandes, bunda muito grande e uma carne elástica, branca e emborrachada que é muito agradável e é excelente para o que mais gostamos, sexo apaixonado.

Portanto, elas sempre serão superiores, sempre serão as escolhidas pelo vampiro sedutor, um especialista em amor que testou centenas de mulheres e que finalmente sabe o que realmente quer, que é uma bela ruiva com uma bunda grande, para fodê-la até o amanhecer. E se ele puder escravizá-la sexualmente, melhor ainda. É isso que o vampiro sedutor quer.

A vida de um vampiro sedutor.

O vampiro sedutor é um entusiasta da vida, gosta de se divertir, sair, ficar acordado até tarde, seduzir, fazer loucuras e, às vezes, até coisas perigosas. Eles adoram viajar para lugares exóticos. O prazer acontece a cada momento, não é apenas o que acontece com você ou o que você faz, mas como você está aproveitando o que está acontecendo com você.

Acho que não há ninguém mais feliz e despreocupado do que um vampiro sedutor cujo único objetivo é se divertir. Você realmente vive sua vida sem se preocupar com nada bobo e é feliz, não importa o que aconteça com você. Além disso, como você sempre pensa que coisas boas acontecem com você, coisas boas acontecem com você e, assim, acreditando estar isento de sofrer qualquer mal, isso se materializa e você vive uma vida maravilhosa, em que tudo de bom que imaginou, e muito mais, aparece como num passe de mágica na vida do vampiro sedutor. Nada pode tirar o sorriso do rosto do sedutor de vampiros. As pessoas nem imaginam como se sentem quando você está cumprindo sua função predatória.

Garotas góticas.

Essas garotas são claramente diferentes das vampiresas, pois são garotas que não saem por aí caçando como os vampiros fazem, mas simplesmente têm uma estética muito legal e são bonitas e atraentes para o sedutor. É exatamente o oposto da garota vampiresa, que se acha a melhor, é muito metida e faz praticamente o que o vampiro faz, mas sem nenhum mérito, porque é muito fácil deixá-la marcar gols e muito difícil marcá-los. As garotas góticas ouvem Marilyn Manson e Rammstein, usam batom preto, roupas pretas, rendas, unhas pintadas e bucetas depiladas e, por que não dizer, são gostosas e muito mórbidas. Portanto, com exceção dos vampiros que também são garotas góticas, mas são idiotas, essas outras garotas mais normais, que simplesmente se vestem assim, são recomendáveis para serem incorporadas à vida do vampiro sedutor.

Motocicletas e risco.

O vampiro sedutor é bastante alheio e imprudente e gosta de velocidade, mas precisa se controlar para seu próprio bem. Ele gosta de motocicletas velozes e de carros de alto nível. É com as motocicletas que o vampiro sedutor demonstra mais virilidade e onde ele mais brinca, colocando-as em alta velocidade. Recomendo ter motocicletas pretas e pilotá-las bem devagar, motocicletas personalizadas, tipo Harley, para pilotar com calma, vendo e sendo visto, sem a necessidade de correr como um louco, pois não estamos em uma corrida.

Um cara durão e de boa aparência está andando pela rua com sua motocicleta, jaqueta de couro e óculos escuros. Ele para em um bar, toma algumas cervejas e, ao sair do bar, continua, mas dessa vez com uma garota bonita que acabou de conhecer sentada na garupa da moto.

Leitura de mentes.

Sim, o sedutor de vampiros é um telepata, um mentalista, uma pessoa que entende os pensamentos dos outros porque consegue ler perfeitamente a linguagem corporal e sabe quando eles gostam, quando não gostam, quando estão felizes, quando estão tristes, quando estão fingindo e o que realmente estão pensando.

Todas essas informações são usadas para desmascará-los, contar-lhes a verdade, surpreendê-los com seu conhecimento profundo sobre eles e aluciná-los. Você entra na mente delas e antecipa seus movimentos. Você aprende isso com centenas de anos de sedução e também com poderes vampíricos que lhe permitem ver dentro do cérebro da pessoa e saber o que ela quer e por quê. Sim, nós, sedutores vampiros, lemos a mente de nossas mulheres e sabemos como levá-las a fazer o que queremos. Desenvolvemos "o detector" que nos diz tudo o que elas estão pensando instantaneamente.

A gostosa no trabalho.

Não é que seja aconselhável, é sua maldita obrigação, pegar aquela gostosa do trabalho que você vê todos os dias e, por vê-la constantemente, você se sente mortificado por não estar ainda desfrutando do corpo maravilhoso dela.

Esses são os primeiros que o sedutor de vampiros deve atacar, pois, como disse o psicopata em "O silêncio dos cordeiros", queremos o que vemos e, se vemos esse, queremos esse. Esses triunfos tão desejados valem muito mais do que os normais, portanto, se você quiser ser um bom sedutor de vampiros, comece a dar em cima dessa e faça seu nome em seu escritório como um paquerador.

Cuidado se isso acabar mal e ela se tornar sua inimiga. Ela vai mortificá-lo também, então tente pegá-la e deixá-la ficar, ou pelo menos se você deixá-la terminar a coisa de forma satisfatória, e você acabar frio e completamente independente, porque se você continuar gostando dela, você estará realmente ferrado e não será um verdadeiro sedutor, um verdadeiro sedutor não sofre com suas ex.

O carro do vampiro sedutor.

Quase todos nós gostaríamos de ter um carro esportivo ou, pelo menos, um carro topo de linha, mas digo uma coisa: não é preciso tanta ostentação para ser feliz nem para atrair garotas; basta ter um carro normal de que gostamos. Nós nos satisfazemos tendo o carro de que gostamos e, se elas não gostarem, podem se ferrar. Deixe que eles comprem o carro para si mesmos e depois nós entraremos nele e, enquanto isso, criticaremos como eles fazem.

Maneiras refinadas.

O vampiro sedutor é um dândi que se veste muito bem, tem uma cultura impressionante, mas realmente impressionante, porte elegante e boas maneiras, elegância e distinção. Isso não é o mesmo que o canalha charmoso que anda por aí de qualquer jeito e não se importa com o que os outros pensam dele. O vampiro sedutor é refinado, educado, cortês e sibarita.

Ele não come qualquer coisa, apenas frutos do mar, peixes saborosos, frutas e legumes, deixando a carne para raras ocasiões, pois considera um pouco primitivo comer carne. O vampiro sedutor terá prazer em ouvir música clássica e terá uma extensa coleção de músicas. O vampiro sedutor terá sua casa super limpa e arrumada e convidará suas namoradas para ouvi-lo tocar órgão. Ele toca o órgão musical e também o outro órgão, o órgão sexual, que elas gostam mais de tocar do que o órgão musical.

O sedutor de vampiros é um compositor brilhante, um estudioso, um sábio, e as mulheres apreciam e valorizam todo esse mundo interior, sua bagagem e sua vasta experiência. Há décadas, dizia-se que o sedutor de vampiros tinha 40 vidas, agora ele já teve 80 e, portanto, continua a acrescentar vidas, experiências e anedotas que os outros nem poderiam imaginar.

A garota que acompanha o vampiro sedutor fica admirada com sua delicadeza e elegância e, portanto, é atraída por essas qualidades incomuns. O vampiro sedutor claramente pertence à escola do porte e é muito procurado pelas moças locais.

A floresta perfumada e sombreada.

Na noite fria e estrelada, o louco do vampiro sedutor vai para uma floresta escura, mas escura e assustadora, e lá ele faz suas meditações e sua loucura. É preciso muita coragem, mas o vampiro sedutor estabelece metas de autoaperfeiçoamento e essa é uma delas. Ir sozinho para a floresta à noite e ficar lá por um longo tempo, que coisa! Bem, isso é o que um vampiro sedutor faz para superar seus medos.

Às vezes, há sons que parecem vozes produzidas pelo vento, ruídos, canto de pássaros, qualquer coisa é assustadora, mas há o vampiro sedutor que mantém a pressão como um macho. Porque ele é um homem e um homem pode fazer tudo o que quiser.

A tríade.

Novamente a tríade, novamente a maldita tríade. Já falamos tanto sobre isso que não tenho muito a dizer, mas vou dizer algo importante, que você não precisa procurar, que você não incentiva a formação disso. Qualquer tentativa de parecer mais formal não vai funcionar, é assim que eles preferem você, louco e fodedor, e serão eles que virão até você enquanto você estiver totalmente passivo e independente deles. E não será uma tríade, será muito mais.

Aquele que sai por aí tentando obter a lealdade delas soamente vai conseguir fracassar, você tem que ser totalmente legal, desapegado e muito engraçado, e elas mesmos são os que vão querer estar lá na tríade.

Normalmente, elas formam conjuntos de muitas mulheres; no caso mais extremo, em que eu estava correndo risco de morte de tanta loucura e fornicação, cheguei a formar um octeto. Lembre-se de que quanto mais você tiver, mais elas virão, até o ponto em que você não conseguirá continuar e ficará doente de tanto cansaço físico.

Cultura e arte.

O vampiro sedutor vai ao teatro, à ópera, ao concerto de música clássica, à palestra sobre os escritores românticos do século XIX, a todo evento cultural que lhe interessa, a todo concerto, exposição de pintura, museu de arte que o atrai. A cada catedral ou mesquita, a cada ruína, a cada castelo, a cada palácio. Tudo relacionado à arte e à cultura é de enorme interesse para ele.

Ele lê livros em inglês, livros sobre os romanos e sua arquitetura, sobre edifícios, arranha-céus, ciência, antiguidade. O vampiro sedutor gosta de arte e terá objetos como pinturas ou tapeçarias, ou qualquer representação artística que lhe agrade.

O vampiro sedutor é compositor musical, também faz artesanato, guarda inúmeras pedras preciosas para as quais olha e das quais extrai sua energia, além de bolas de cristal e outros objetos que considera sagrados.

O vampiro sedutor também é um pintor e, portanto, expressa seu mundo interior.

O vampiro sedutor escreve vários livros, ensaios e romances sobre todos os assuntos que lhe interessam.

O vampiro sedutor pesquisa e se aprofunda em todos os assuntos que merecem sua atenção, e em muitos deles ele se especializa e se torna um especialista.

O vampiro sedutor aprende outros idiomas, viaja e aprende todos os dias de sua vida.

O objetivo do vampiro sedutor é maximizar seu conhecimento e experiências agradáveis, especialmente com garotas atraentes.

O vampiro sedutor participará de reuniões e será um orador brilhante nessas reuniões.

O vampiro sedutor é exatamente isso, um homem sábio e carismático que encanta as pessoas com sua maravilhosa capacidade de envolvê-las em seus projetos e motivá-las a atingir seus objetivos.

O vampiro sedutor também é um treinador de vida que mostra pelo exemplo que tipo de vida você deve levar, além de ajudar as pessoas de forma muito altruísta a melhorar suas vidas.

O sedutor vampiro é um homem colocado aqui para ajudar os outros e fazer com que eles sejam a melhor versão de si mesmos.

O vampiro sedutor é um guia.

O pub.

O local onde o vampiro consegue 90% de seus triunfos, aquele lugar escuro, cheio de pessoas, atmosfera e música, onde tudo é possível e a mágica acontece. É extremamente importante para seu desempenho como paquerador que o lugar que você frequenta o agrade e o excite. É realmente muito difícil paquerar em um pub onde você não gosta do ambiente, não gosta das pessoas, não gosta da música, não gosta da decoração, não gosta da decoração, não gosta de nada. Você não se sente confortável, é praticamente impossível. Por isso, é muito importante que você encontre o seu lugar mágico, a sua enseada, o seu lugar especial onde você se sinta bem. Esse lugar tem de ter um mercado apropriado para você, por exemplo, se você tem 40 anos, tem de ser um lugar onde as pessoas de 40 anos vão, não as de 19. Você tem de gostar da música, tem de gostar da decoração, tem de gostar da filosofia do lugar.

Acho que uma das questões mais importantes para ser bem-sucedido na sedução é conseguir encontrar aquele ótimo lugar onde você se sente confortável e feliz. Quando você está lá, começa a materializar seu poder, a obter triunfos, a ganhar confiança, a ter lembranças positivas desse mesmo lugar, e ele se torna um lugar de fetiche, só de saber que você está lá e se sente poderoso.

Em Santiago, tive meu local de pesca nos anos 90 e 2000 até, digamos, a década de 10, quando a atmosfera mudou. Esse local de pesca era "la Quintana", um tremendo bar onde tudo era possível. Havia também o "el retablo" bem perto dos rendimentos desse, mas era da Quintana que eu mais gostava. Quando cheguei lá, eufórico, eu disse

Esto é a Quintana!

Como o espartano em 300.

Lá, eu me sentia forte e poderoso e isso transparecia. Hoje em dia, devido à idade avançada que atingi, não é mais meu lugar favorito porque a atmosfera mudou totalmente e as pessoas são 30 anos mais jovens do que eu. O importante é que ele existiu. E também haverá outros lugares novos onde será ótimo. Encontre seu lugar!

As cores do vampiro.

O vampiro é fã de vermelho e preto, que são as duas cores que ele mais gosta. Elas estão na capa e em muitas partes do vampiro. Observe muito as mulheres que usam vermelho. As mulheres que usam vermelho são mulheres quentes, especialmente se estiverem usando sapatos vermelhos. Esses sapatos vermelhos revelam sua mente excitada. Sei disso por décadas de experiência em observar como elas se vestem e como são. Quanto mais vermelho elas usam, mais elas são quentes para atirar em você.

O vermelho denota poder, paixão, fogo, força e confiança. Use vermelho também e você não passará despercebido. O preto lhe dará mistério e elegância.

Observe as mulheres que usam lábios vermelhos também, qualquer coisa vermelha é um bom sinal.

Fetichismos vampíricos.

Não é culpa do vampiro ter se tornado um fetichista, foram eles que o perverteram com suas múltiplas loucuras. Então, finalmente, aos 40 anos de idade, o vampiro acaba se tornando um fetichista que gosta das unhas dos pés pintadas com cores. Você gosta de chupá-las e comê-las e isso é muito excitante. Isso como eu disse é culpa delas, das perversões delas, antes de começar a transar em massa eu era um cara totalmente normal, agora que elas te deixaram meio louco se uma delas não colocar os dedos dos pés pintados de vermelho na sua boca você não fica nada feliz. A verdade é que isso é uma iguaria, uma iguaria tão rica quanto a buceta ou os peitos. Sim, seja um sibarita pervertido e faça essas coisas que são tão mórbidas. Um vampiro também é um fetichista, um fetichista moderado que não chega aos níveis de loucura de Tarantino, mas um pouco fetichista, sim.

Gênero de vampiro.

Agora que é possível se sentir como uma mulher e ser uma mulher, ou se sentir como uma girafa e ser uma girafa, por que eu não poderia me sentir como um vampiro e ser um vampiro? Então, vou ao cartório para ver se me deixam registrar como vampiro e, assim, oficializar meu vampirismo e, quando me perguntarem se sou homem, direi que não, que sou um vampiro e, ao mesmo tempo, me livrarei das leis feministas que criminalizam os homens. Como não serei um homem, mas um vampiro, elas não me afetarão, ha ha ha ha ha ha. Vamos tirar proveito das coisas estúpidas que os progressistas fazem para nosso benefício.

Caça.

O vampiro já está em seu ambiente natural, o pub. Ele saiu sozinho e está posicionado ali, observando atentamente as moças do lugar. De repente, uma delas chama sua atenção, uma garota loira em um vestido branco com excelentes curvas. Essa garota está no bar sozinha, pois foi pedir sua bebida lá. O detector do vampiro a validou como ótima para ser abordada. Ela realmente é uma peça magnífica, tem ótimas coxas, uma figura muito bonita, muito atraente, muito bonita. O vampiro olha para ela de longe, ela olha para ele, ele sorri levemente e ela olha para baixo um pouco envergonhada, pois percebeu que o vampiro sabe que ela estava olhando para ele, esse é exatamente o sinal de que ela precisava. O vampiro não hesita nem por um momento, só se passaram dois segundos desde que ele percebeu que a garota estava ali e ele já está se aproximando dela com a mente decidida. O vampiro aproveita a situação estratégica e a grande oportunidade de ela estar sozinha. O vampiro fica ao lado dela, sorri e lhe diz.

-Eles estão demorando cada vez mais para atender.

Ela ri e responde

-Sim, é verdade, já estou aqui há algum tempo e ninguém veio.

-Eu vou buscá-lo para você.

Diz o vampiro com confiança e chama o garçom que, em pouco tempo, parece estar

Enquanto isso, o vampiro já se apresentou e beijou duas vezes, o nome da garota é Alicia, por exemplo, ela é de fora do país e está aqui com algumas amigas para sair hoje à noite, e logo irá para sua cidade, que pode ser Valladolid, por exemplo.

O vampiro tem mais datos do que precisa, ele sabe o que tem que fazer, o vampiro percebeu que ela é uma garota bonita que saiu da cidade para se divertir, o que a torna muito mais desinibida, ela não conhece o lugar muito bem e é receptiva a conversas, de modo que o vampiro iniciará sua predação imediatamente.

O vampiro pergunta

- Com quem você está?

E ela responde

-Com algumas amigas daqui de Santiago.

O vampiro diz

- Sou a pessoa mais bem informada desta cidade e posso levá-la aos melhores lugares - Então, ele está dando a ela uma vantagem, um benefício, está sendo gentil, está sendo educado, além disso, ela vê que ele está sozinho e, depois do quanto ele gostou dela, seria um pouco desagradável não envolvê-lo na noite e deixá-lo de fora.

Onde estão suas amigas? Venha, quero conhecê-las.

O vampiro vai com Alice e se apresenta as outras três amigas dela, que são, obviamente, muito mais feias do que ela. Ele será educado, cortês, cavalheiro e amigável com elas para que se sintam à vontade. Ele está lá contando coisas, sendo engraçado, as meninas se sentem à vontade e, aos poucos, uma atmosfera de calor e bem-estar se estabelece entre ele e elas. Elas o aceitaram totalmente. Agora, depois de cerca de 20 minutos, o vampiro se oferece para levá-las a um passeio pela cidade, aos pubs mais legais. Apesar de serem de Santiago, elas sempre vão ao mesmo lugar e não sabem como o vampiro, que se dedica à vida noturna há 30 anos, pode ajudá-las. O vampiro as leva a um pub mais escuro e propício, com mais música, com mais pessoas, onde todos estão mais próximos e essa intrusão em seus limites pessoais faz com que elas o aceitem ainda mais porque ele e as amigas de Alicia estão praticamente se tocando.

Nesse bar, ele começa a criar conforto e uma leve cumplicidade com Alicia, que se sente à vontade e começa a mexer de leve em seus cabelos. O vampiro não diz a ela o quanto é bonita, não a elogia, nem nada, ele apenas está ali emanando masculinidade, sendo divertido, desinibido, muito despreocupado em flertar com ela. Ele está apenas se divertindo e elas estão se divertindo com ele. Dá para perceber que ele se sente confortável, não tem medo delas, está acostumado a sair com garotas.

Algumas amigas dela se sentem atraídas por ele e começam a dar em cima dele e a lhe fazer perguntas, o que é um ótimo sinal, pois significa que ele está atraindo mulheres e fazendo as coisas direito. A propósito, o vampiro agora está concentrado nessa garota e isso faz com que Alicia se sinta um pouco abandonada, ela percebe que quer estar com ele e ter mais destaque.

Depois, todos bebem mais álcool e riem. Quando Alice se sente abandonada, o vampiro diz a ela

-Venha, vou lhe mostrar o melhor deste lugar.

Você a pega pela mão, por exemplo, e a leva para um lugar mais isolado, onde você diz a ela

A melhor coisa deste site sou eu

Depois que você a separa das amigas, ela se sente mais à vontade e se aproxima mais e toca muito em você, sua cabeça sobe e você começa a agarrá-la pela cintura e não a solta mais, você se sente muito à vontade e confortável com ela e sente uma atração muito forte como resultado desse espaço mínimo entre as amigas e do alto contato físico que vocês estão tendo. Você faz uma cara de atrevido, desinibido e, nesse caso, atrevido, e toca um pouco no cabelo dela, e uau! Sem mais delongas, você vai até lá e a beija. Esse lugar geralmente é o bar de um pub e, para se recompensar por esse bom beijo, você pede uma bebida com gosto de glória.

Então, você está dando uns amassos fortes com essa garota e, no momento em que a beija agarra uma das nádegas dela e a amassa com força para terminar, você diz: "Que bunda você tem".

Alicia enfia a língua ainda mais em você e então você diz a ela

-Quero que você venha dormir comigo.

Alicia responde a você

-Estou com minhas amigas.

E você responde

-Não se preocupe, não estou comendo ninguém e, quando quiser voltar, eu a levarei de volta.

Essa frase e outro beijo mais forte que se segue convencem Alicia completamente e ela vai com o vampiro ver as amigas e diz a elas que está indo com você.

Você sai do pub e, no caminho, dá mais três ou quatro beijinhos nela, vai para o carro, entra e volta para casa.

Lá, sem muita demora, ela se deita na cama e você pode imaginar o que acontece. O vampiro passa a noite transando com essa mulher desconhecida e luxuriosa que acabou de conhecer.

O vampiro a fode de quatro, em cima dela, ela em cima dele, ela o chupa e você goza três vezes na buceta molhada e quente dela.

De manhã, quando você acorda, pensa: "Eu ia perder tudo por não me aproximar dela!" Deus, quantas mulheres se perdem por serem covardes.

Mas não você, o vampiro, que não é covarde e já provou isso.

Quando Alice acorda de manhã, tendo dormido muito pouco, você a leva para as amigas dela e volta para casa feliz e satisfeito com o trabalho realizado.

Você anota na lista o novo item que conquistou e dorme agradavelmente. Quando você acorda, percebe o quanto gostou e sente uma onda, mais autoconceito, mais autoestima, mais poder.

Você se sente como o mestre, o chefe da cidade, o mestre, e é assim que as coisas são.

E essa é a caça, é isso que nos faz viver como sedutores, vampiros. ¡Viva a caça!

A garota, que diferença faz! Ela voltará e, quando você quiser ligar para ela, já terá se passado um mês e o momento terá sido perdido. Essa garota nunca se perderá, ela permanecerá para sempre como parte de seu poder. Isso ajuda a ter consciência de seu poder. Grande garota. Essa garota traz mais do que qualquer outra namorada.

Aquela garota fazia você se sentir um macho, um vencedor. Ela não criava problemas, apenas os trazia. A melhor da sua vida.

O vampiro fala com você.

Você que está lendo ou ouvindo isso, onde quer que esteja e quem quer que seja, você é meu amigo. Eu me identifico com você e com seus problemas, porque passei por todos eles e sofri como o maior deles, e graças a passar por muitas dificuldades de todos os tipos, econômicas, sexuais, amorosas, emocionais, graças a passar por uma crise e, acima de tudo, graças ao imenso trabalho e ao enorme esforço para seguir em frente, não desistir e tentar melhorar, sem estar satisfeito com o que é, cheguei aonde cheguei.

Quero que você vá até onde quiser ir, porque realmente não há limites, mas você se contenta com algo que considera garantido. Quero que você entenda que eu gostaria de poder influenciá-lo de uma forma mais poderosa do que por meio deste livro e, na verdade, farei vídeos em que tudo será melhor explicado, mas, por enquanto, isso é o que existe, e você deve tirar proveito disso e se motivar bem para se transformar no que deseja ser.

Agora, com a sabedoria da idade, vejo todo o passado com clareza e estou muito orgulhoso do que fiz e animado para fazer coisas novas. Eu sou o vampiro, o vampiro fodido que aterrorizou esta cidade por décadas, e entrego a você para que continue meu legado em sua cidade, sendo um vampiro fodido e divertido que vive uma vida maravilhosa.

Eu não quero isso, eu quero isso, eu quero aquilo, vou lutar por isso! Seja irreverente e não pare até atingir seu objetivo.

Seja o empalador.

A escuridão.

O temido.

O mais poderoso.

Seja um sedutor de vampiros.

O triunfo não deve ser apenas com as mulheres, deve ser holístico, deve ser total.

Os homens precisam acordar e perceber que a vida do vampiro sedutor é muito mais satisfatória do que qualquer outra.

Enquanto as pessoas acordam, nós, que já sabemos o que somos, continuamos nossa predação.

Eu sei tudo, eu vejo tudo, eu sei o que você pensa, eu vejo sua aura mesmo à distância, eu sou o vampiro.

Isso é o que tenho a dizer sobre o vampiro sedutor. Obrigado por me ouvir.

A noite do vampiro.

Sim, esta noite é a melhor noite de sua vida, esta noite você sairá pelos becos sombrios de sua cidade. Certifique-se de que esteja escuro, a noite é nossa amiga. Sim, esta noite você vai sair para seduzir uma linda garota gótica que conhecerá em um pub escuro e tumultuado. Depois, ao amanhecer, se a conquista tiver sido boa, você voltará para sua casa para se esconder do sol com ela. Aproveite ao máximo essa noite com ela, é o que você tem, viva o momento. Os vampiros vivem assim, de momento a momento.

A melhor noite de sua vida,

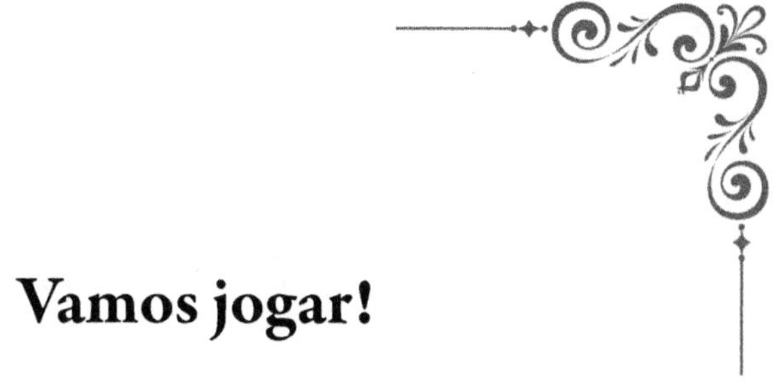

Vamos jogar!

Did you love *O Vampiro Sedutor*? Then you should read *A arte de se agradar*[1] by John Danen!

[2]

Este é um livro sobre auto-ajuda e um pouco sobre sedução, porque todas as minhas obras têm algo deste mundo nelas. É por isso que pode ser usado como livro de auto-ajuda ou como livro de sedução. Sem dúvida, o que mais o ajudará é::

Respeite-se a si mesmo.

Proteja-se de pessoas prejudiciais

Faça a vida do jeito que você quer, sem as inferências de pessoas más e interessadas.

Ria de si mesmo e ria com o livro porque ele tem um toque de humor.

Espero que você goste.

---

1. https://books2read.com/u/bOzNZ0

2. https://books2read.com/u/bOzNZ0

Also by John Danen

Seduction 5.0
S.A.X.
Chicas complicadas
Seducción 5.0
El libro del tonto
Macho Alpha
Macho alpha extracto
La seducción después de la pandemia
Terriblemente atractivo
Seducción 5.1
Sedução 5.1
How to be Cool and Attractive
Sedução. Avançada. X.
Garotas complicadas
¡Basta de ser buen chico! Sé un chico malo.
El método JD. El método de seducción de John Danen
El arte de agradarte a ti mismo
¡Basta ya de abusos! ¡Defiéndete!
Enought with the abuse! Defend yourself!
Máster en seducción
Las mujeres. El amor. Y el sexo.
Supera la dependencia emocional
Atrae mujeres con masculinidad
JD Absoluta seducción
El fracaso del amor

Entender a las mujeres

La vida del seductor sinvergüenza y encantador.

El arte de la dureza

Terrivelmente atraente

Deixe de ser um bom da fita! Seja um mauzão.

Superar a dependência emocional

A arte de se agradar

Pare o abuso! Defenda-se!

O fracasso do amor.

O método JD

Don´t Be a Good Boy! Be a Badass

Complicated girls

The Art of Pleasing Yourself

Duro y Sinvergüenza

Mestre en sedução

JD Method

The Failure of Love. The Trap of Serious Relationships

Master in Seduction

A. S. X. Advanced. Seduction. X

Women. Love. Sex

How to Become a Real Man. Be an Alpha Male

Attract Women with Masculinity

JD Absolut Seductión

Understanding Women

The Life of the Shameless and Charming Seducer.

The Art of Toughness

Tough and Shameless

Überwindung der Emotionalen Abhängigkeit

Maître en séduction

Schrecklich Attraktiv

Surmonter la Dépendance Émotionnelle

L'art de la dureté

Die Kunst der Zähigkeit

Hör auf, ein guter Junge zu sein, sei ein böser Junge

Assez D'être un Bon Garçon ! Sois un Mauvais Garçon.

Die Kunst, sich Selbst zu Gefallen

Dur et sans Vergogne

Hart im Nehmen und Schamlos

L'art de se Plaire à soi-Même

Das Scheitern der Liebe

L'échec de L'amour.

Meister der Verführung

Die JD-Methode

Maestro di Seduzione

Terriblement Attrayant

La Méthode JD

Capire le donne

Compreendendo as Mulheres

Comprendre les Femmes

Die Frauen Verstehen

Les Filles Compliquées

Komplizierte Mädchen

JD Séduction Absolue

La Vie du Séducteur Charmant et sans Vergogne

Les Femmes. L'amour. Et le Sexe.

Mâle Alpha

S.A.X.

V.F.X.

Donne. Amore. E il sesso.

Ragazze Complicate

Superare la Dipendenza Emotiva

Seduzione. Avanzata. X.

Dark Seducción

Il Fallimento Dell'amore.

Il Metodo JD

Alphamännchen

Atrair Mulheres com Masculinidade
Attirare le donne con la Mascolinità
Attirer les Femmes par la Masculinité
Mit Männlichkeit Frauen Anziehen
Frauen. Liebe. Und Sex.
L'arte di Piacere a se Stessi
Mulheres. Amor. E Sexo.
JD Seduzione Assoluta
JD Absolute Verführung
JD Sedução Absoluta
Das Leben des charmanten, schamlosen Verführers
Smettila di Fare il Bravo Ragazzo! Essere un Cattivo Ragazzo.
La Vita del Seduttore Affascinante e Spudorato
A Vida do Sedutor Encantador e sem Vergonha
Macho Alfa
Uomo Alfa
Séduction 5.0
Verführung 5.0
Seduzione 5.0
Duro e Senza Vergogna
Duro e Sem Vergonha
L'arte della Durezza
A Arte da Dureza
The Fool's Book
Das Buch der Dummköpfe
Il Libro dei Pazzi
O Livro do Tolo
Dark Seduction
Dunkle Verführung
Sedução Escura
Dark Seduction
Seduzione Oscura
Le livre du fou

Como materializar lo que deseas con el fxxxxxx power
Como materializar o que você quer com o Fxxxxxx Power
El ángel Sex-terminador
El seductor vampiro
O Vampiro Sedutor
Sex-Terminating Angel
The Vampire Seducer
How to Materialize What You Want With The Fxxxxxx Power
El camino del maestro
Il vampiro seduttore
O camiño do mestre
La via del maestro
Der verführerische Vampir
Le sedusant vampire
Der Weg des Meisters
La voie du maître de la séduction
The Way of the Master
Come materializzare ciò che si desidera con il Fxxxxxx Power
Wie Sie Ihre Wünsche verwirklichen können mit dem Fxxxxxx Power
El método EDP
O método EDP
The EDP method

About the Author

Español.

Soy un hombre vividor y divertido que busca el lado bueno de las cosas siempre.

Mi experiencia es el campo de las relaciones personales y de la seducción. Por eso tras dedicarme larguísimas décadas a ello, quiero trasmitir mis conocimientos. Para que las nuevas generaciones tengan unos conceptos que les den una ventaja competitiva sostenible y poderosa en el campo del amor.

Quiero ayudarte a a conseguir tus metas.

Portugués.

Sou um homem animado, e divertido, que sempre procura o lado bom das coisas.

Minha experiência está no campo das relações pessoais e da sedução. É por isso que, após décadas de dedicação a ela, quero transmitir meus conhecimentos.

Quero ajudá-los a alcançar seus objetivos.

Inglés

I am a lively and fun man, who always looks for the good side of things.

My experience is in the field of personal relationships and seduction. That is why, after decades of dedicating myself to it, I want to pass on my knowledge. So that the new generations have concepts that give them a sustainable and powerful competitive advantage in the field of love.

I want to help you achieve your goals

Français Je suis un homme vif et drôle qui cherche toujours le bon côté des choses.

Mon expérience se situe dans le domaine des relations personnelles et de la séduction. C'est pourquoi, après m'y être consacré pendant des décennies, je veux transmettre mes connaissances. Pour que les nouvelles générations disposent de concepts qui leur donnent un avantage concurrentiel durable et puissant dans le domaine de l'amour.

Je veux vous aider à atteindre vos objectifs.

www.ingramcontent.com/pod-product-compliance
Lightning Source LLC
Chambersburg PA
CBHW061330120726
48001CB00002B/773